AF227018

OASIS SAHARIENNES

OCCUPATION — ORGANISATION

Par **R.-J. FRISCH**

CHEF DE BATAILLON AU 149e RÉGIMENT D'INFANTERIE

ANCIEN OFFICIER DES AFFAIRES ARABES.

PARIS

LIBRAIRIE MILITAIRE R. CHAPELOT et Cᵉ

IMPRIMEURS-ÉDITEURS

30, Rue et Passage Dauphine, 30

1902

OASIS SAHARIENNES

Occupation — Organisation

PARIS. — IMPRIMERIE R. CHAPELOT ET C⁶, 2, RUE CHRISTINE.

OASIS SAHARIENNES

OCCUPATION — ORGANISATION

Par **R.-J. FRISCH**

CHEF DE BATAILLON AU 149ᵉ RÉGIMENT D'INFANTERIE

ANCIEN OFFICIER DES AFFAIRES ARABES.

PARIS

LIBRAIRIE MILITAIRE R. CHAPELOT ET Cᵉ

IMPRIMEURS-ÉDITEURS

30, Rue et Passage Dauphine, 30

1902

OASIS SAHARIENNES

Occupation. — Organisation [1].

AVANT-PROPOS.

Au cours de l'été de l'année 1900, nous démontrions, dans un travail manuscrit non publié [2], que la soumission et l'occupation des oasis sahariennes pourraient être réalisées à très peu de frais au moyen d'une seule petite colonne de 600 hommes, dont nous expliquions les détails d'organisation et de commandement.

Le devis des dépenses de cette colonne, que la faiblesse de son effectif aurait permis de faire vivre en partie sur le pays, ne dépassait pas un million de francs. Le système des grosses colonnes employées pendant la campagne de 1900-1901 et ravitaillées par l'arrière, a coûté une trentaine de millions, pour un

---

[1] Cette étude était terminée en février 1902. Le décret du 1er avril suivant portant création des compagnies des oasis sahariennes est venu lui donner en quelque sorte une autorité particulière, puisque la nouvelle organisation concorde entièrement avec les principes que le commandant Frisch y a développés et qu'il avait déjà fixés d'une façon absolument ferme dans un ouvrage paru en 1899 sur la *Défense de l'Algérie-Tunisie et l'Armée d'Afrique. (Note de l'éditeur.)*

[2] *Opérations au Touat.*

résultat qui pouvait être atteint plus facilement et plus vite par une petite colonne bien organisée et bien dirigée.

Pour éviter le retour de semblables erreurs et limiter les dépenses d'occupation au minimum, la Chambre a, par son vote du 23 décembre dernier, prescrit la préparation d'un projet de loi d'ensemble sur la question de l'organisation militaire et administrative du Sahara.

La présente étude a pour but de déterminer les principes sur lesquels devrait reposer cette organisation, pour être à la fois rationnelle et économique.

La séparation du Sud-Algérien de l'Algérie et son indépendance vis-à-vis des trois divisions militaires étant décidées, l'organisation intérieure et la marche ultérieure des affaires y présenteront d'autant moins de difficultés que la direction, par l'intermédiaire du général commandant le 19e corps sera unique et ne relèvera plus que du gouverneur général de l'Algérie.

I

Examen de la question.

Il ressort de l'histoire de l'Algérie que trois modes d'occupation ont été employés à diverses époques pour maintenir les populations sous la domination des maîtres du pays.

Le premier, celui des postes fixes, était employé par les Turcs.

Le deuxième, celui des postes fixes avec colonnes périodiques, a été en usage pendant les premiers temps de la conquête française.

Le troisième, enfin, inauguré par le maréchal Bugeaud et qui, seul, a permis de placer les indigènes complètement dans notre main, était celui des colonnes mobiles.

Les Turcs, en raison du faible effectif de leurs troupes régulières, n'ont jamais occupé le pays que d'une façon très incomplète, à l'aide de postes fixes éloignés les uns des autres et gardés en permanence par des « noubas », fractions de la milice ou colonies d'aventuriers de toutes races vivant sur le pays.

Ces postes n'avaient aucune influence en dehors de leurs remparts. Leurs garnisons ne voyaient rien, ne faisaient rien et redoutaient, vu la faiblesse de leurs moyens, d'agir à l'extérieur, encore plus d'infliger un châtiment.

La domination turque exploitait tour à tour les effets de la terreur et du fatalisme. Sa méthode était basée sur la formule du Coran : « Je pardonne, mais n'oublie jamais. »

Cette méthode, dans son application, était la suivante :

Quand une tribu quelconque avait commis quelque méfait ou quelque acte contraire aux volontés ou aux intérêts de l'Odjak [1] et si les circonstances ou la faiblesse des moyens militaires em-

---

[1] Gouvernement des Deys.

pêchaient une répression immédiate, le châtiment était différé, parfois même pendant plusieurs années, jusqu'à ce que l'occasion favorable pour l'infliger se présentât; mais il atteignait toujours les coupables, et les populations le savaient.

Ce châtiment était toujours d'une rigueur extrême. Le moins qui pouvait arriver aux malheureux administrés, quand les têtes des principaux personnages ne tombaient pas sous le yatagan des chaouchs, c'était la ruine pour de nombreuses années : les beys faisaient enlever les troupeaux, éventrer les silos, incendier les villages, détruire les canaux d'irrigation, jusqu'à ce que l'indigène, livré au désespoir et reconnaissant sa folie, vint demander l'aman, le pardon.

Les tribus perdaient ainsi l'envie, non-seulement de reprendre les armes et d'attaquer les postes ou les convois de leurs oppresseurs, mais elles ne supportaient même plus que d'autres tribus, venues de plus loin, les attaquassent.

Le système d'occupation du pays par des postes fortifiés a été presque exclusivement en usage dans notre armée d'Afrique dans les premiers temps de la conquête, jusqu'à la nomination du maréchal Bugeaud au poste de gouverneur général; c'était la période dite de « l'occupation restreinte ».

L'histoire de la conquête nous montre d'une façon très nette à quel point ce système était défectueux et combien étaient considérables les charges qu'il nous imposait. Comme les Turcs, immobilisées à faible distance, nos garnisons n'avaient plus aucune action au delà de quelques kilomètres de leurs murs d'enceinte; la barrière constituée par ces postes était fréquemment franchie par des partis ennemis presque toujours certains d'échapper à nos sorties par leur vitesse supérieure d'allure.

A cet inconvénient venait s'ajouter l'obligation d'avoir des postes intermédiaires pour la sûreté de nos communications, ou plutôt pour le ravitaillement de nos postes extrêmes.

« Il faut, comme d'habitude, 4 à 5,000 hommes pour nous apporter quelques caisses de biscuits et notre correspondance »[1].

---

[1] *Campagne d'Afrique, 1835-1848.— Lettres adressées au maréchal de Castellane,* chef de bataillon de Sioux, 25 mai 1841.

Dans l'ignorance où l'on se trouvait encore du pays, des populations indigènes, de leur manière de combattre, et surtout en raison du peu de moyens mis à la disposition des généraux par le gouvernement de la métropole, ce système a persévéré jusqu'en 1840. A partir de cette époque, cependant, l'activité faisait place à l'immobilité, grâce au maréchal Bugeaud, qui avait trouvé la méthode rationnelle pour dompter Arabes et Kabyles.

De même que les Turcs, il avait remarqué qu'il fallait atteindre l'indigène dans ses intérêts pour le réduire. Mais, comme sur les hauts plateaux et surtout dans le Sud les intérêts, éparpillés partout et toujours en mouvement, sont aussi difficiles à saisir que les cavaliers eux-mêmes, il avait déduit, avec juste raison, que, pour pouvoir les atteindre et, par eux, dominer les hommes, il fallait subdiviser l'armée, la fractionner sur toute la surface du pays, en portions capables de vaincre tous les rassemblements.

Une mobilité exceptionnelle de ces colonnes et leur répartition judicieuse sur le territoire devenaient donc indispensables dans cette guerre, au sujet de laquelle on a dit avec raison « que la difficulté n'était pas de vaincre l'ennemi, mais de le joindre ».

C'est grâce à l'application de ces principes qu'a pu être étouffée la grande insurrection de 1845-1846. Ces principes restent toujours vrais, et c'est encore sur eux que, sous peine de graves mécomptes et de grandes dépenses d'hommes et d'argent, devra être basée l'organisation à donner à nos troupes dans la région des oasis sahariennes.

Les écoles précédemment faites doivent nous servir, afin que nous ne retombions pas dans les erreurs commises jadis et même de nos jours.

A l'heure actuelle, nous sommes cantonnés dans quelques ksour, d'où nous ne pouvons, pour ainsi dire, pas sortir, parce que nous n'avons pas les moyens d'exercer une action suffisante à l'extérieur, du fait d'une organisation qui n'est pas appropriée aux circonstances locales.

L'organisation actuelle [1] des troupes sahariennes a été une

----

[1] Qui sera modifié en exécution du décret du 1ᵉʳ avril 1902.

demi-mesure; elle est entachée d'un vice rédhibitoire : l'*immobilité*.

Si nous maintenons le système des garnisons fixes, nous pouvons nous attendre à subir, tôt ou tard, les insultes des nomades
ou des Bérabers. Il faudrait ne pas les connaître pour soutenir
le contraire. Nous n'aurons sans doute pas grand'peine à les
repousser; mais si c'est pour rester, en quelque sorte, bloqués
dans nos garnisons, on ne voit pas l'utilité de l'occupation. Le
seul moyen d'échapper à une situation semblable repose dans
une organisation qui permette d'être toujours prêt à se porter
au-devant de l'attaque.

Il ne faut pas perdre de vue, en effet, que nos possessions du
Gourara, du Touat et du Tidikelt sont situées en face de véritables
repaires de brigands, Berabers, nomades marocains et Touareg,
et que ceux-ci ont sur elles une porte largement ouverte; de
plus, les ksouriens, encore que de mœurs peu belliqueuses en
général, sont cependant, comme tous les indigènes, prêts à se-
conder leurs turbulents coreligionnaires dans leurs expéditions
contre nous.

Nous serons donc à la merci de continuelles aventures, au
moins dans les premières années de notre occupation.

Or, un auteur colonial très connu et justement apprécié,
M. Robert de Caix, dans étude parue dans le *Bulletin de l'Afrique française* de décembre 1901, émet l'avis qu' « une garnison
fixe de 100 hommes et un petit maghzen de cavaliers et de méharistes dans chacune des trois grandes agglomérations de ksour
suffiraient pour tenir le pays ». Et plus loin : « Avec 100 hommes, nous pourrions repousser toutes les attaques dirigées contre le fortin ».

Ainsi, à l'Arabe, au Targui, dont la qualité maîtresse est la
mobilité, on oppose l'immobilité. Drôle de manière, avouons-le,
de maintenir la tranquillité dans le pays !

Bien au contraire, si nous sommes réduits à nous défendre sur
place, nous leur révélons notre faiblesse en ne les poursuivant
pas, et nous pouvons être sûrs qu'ils recommenceront, en choi-
sissant leur temps, sans qu'il nous soit possible d'y mettre un
terme.

A quel moment un fortin, quelque bien défendu qu'il ait été, a-t-il empêché les Arabes de circuler ? Jamais ! Et est-ce bien sûr que toutes les attaques peuvent être repoussées par 100 hommes, alors qu'un certain nombre de Marocains sont armés de fusils à tir rapide, grâce à la contrebande de guerre, si florissante au Moghreb ?

M. de Caix s'appuie, dit-il, dans la circonstance, sur les affirmations d'officiers des Affaires indigènes du Sud.

Cette particularité fait ressortir une fois de plus jusqu'à quel point l'étude de la grande guerre européenne a fait négliger les enseignements de la conquête et l'étude des procédés de tactique adéquats au pays et à l'adversaire.

Alors que nous savons par expérience que les indigènes ne respectent que la force, nous aurions la prétention d'assurer dès à présent pacifiquement notre conquête !

Ou bien voudrait-on voir appliquer par nous, au XXᵉ siècle, la manière turque et mettre périodiquement à feu et à sang les localités ou les tribus qui auraient commis des déprédations en dehors des limites d'influence restreinte de nos postes ?

Mais nous soulèverions, non seulement dans notre pays aux idées si généreuses, mais dans tout le monde civilisé, un tolle général !

Le système préconisé par M. de Caix et ses inspirateurs nous condamnerait fatalement à être constamment en campagne pour poursuivre les harkas qui nous harcèleront ou à rester enfermés dans nos postes, au grand détriment de notre prestige.

Ces Messieurs le reconnaissent d'ailleurs eux-mêmes implicitement, comme l'indique le passage suivant :

« Mais pourquoi ne ferait-on pas circuler, pendant la bonne saison, de janvier à avril, une petite colonne annuelle munie de quelques canons d'un calibre suffisant et qui opérerait périodiquement les répressions nécessaires. »

Nous en viendrons alors au deuxième mode d'occupation, celui des postes fixes avec colonnes périodiques.

Les répressions, ce ne serait probablement pas les ksouriens qui les auraient provoquées, mais bien les nomades ; or, ceux-ci auraient déjà disparu à l'arrivée de la colonne, toujours annoncée à l'avance. On ne rencontrerait pas les coupables, et, en supposant même que les pertes par le feu aient été nulles, on n'en aurait pas moins perdu du monde ; car tout Africain qui a fait colonne sait que les déchets, quoi qu'on fasse, seront toujours élevés, les hommes mourant même des mesures que l'on est obligé de prendre pour assurer leur subsistance. Ceci peut paraître absurde, mais c'est comme cela.

Au reste, où cette colonne serait-elle prise? Dans le Nord, apparemment, et au plus près; à Aïn-Sefra sans doute, c'est-à-dire à plus de 700 kilomètres du Tidikelt.

Cette colonne, avec les déplacements latéraux obligés, aurait plus de 2,000 kilomètres à parcourir, aller et retour, ce qui exigerait, à une vitesse de marche journalière de 15 kilomètres, une durée de cinq mois au minimum et non pas de trois, en supposant qu'il n'y ait pas de repos prolongé à donner à la colonne. De plus, a-t-on songé au surcroît de dépenses qu'entraînerait annuellement une colonne de ce genre, évidemment composée de troupes européennes ou de tirailleurs algériens, c'est-à-dire exigeant, outre un énorme convoi, un ravitaillement complet par l'arrière.

Car il ne faut pas oublier que, aux uns comme aux autres, il faut tous les jours de la viande, du pain, des légumes; ils sont habitués à être casernés et au bénéfice de tous les services habituels de garnison, qui nécessitent des détachements des bataillons d'Afrique, du train, des sections de commis et ouvriers d'administration et des infirmiers. La moindre petite colonne envoyée dans ces conditions dans le Sud, reviendrait, comme il serait facile de le démontrer, au minimum, à 600,000 ou 700,000 francs, et encore en la faisant vivre sur le pays, comme on le propose, d'ailleurs.

« Je n'ai jamais conçu que, pour soumettre tout ou partie de la régence, on dût habituellement rester sur le littoral et se borner à faire des expéditions passagères dans l'intérieur. Il faut être en avant et non pas en arrière du pays que l'on veut dominer et soumettre; il faut être aussi dedans quand il s'agit de soumettre et de protéger, après les avoir soumises, les tribus isolées. *On ne garde pas en arrière, on garde en avant.*

« Les tribus se seraient soumises tout d'abord, si elles avaient vu des forces respectables à Tlemcem et à Mascara, parcourant le pays dans un rayon de 15 à 20 lieues; car *c'est par l'occupation agissante qu'on peut atteindre le but, et non par quelques petites garnisons qui ne peuvent sortir de leurs murailles et qui n'ont d'action sur le pays qu'à la portée du fusil.* Mais, pour que les tribus se fussent soumises, il eût fallu leur assurer une protection efficace ; c'est ce qu'on n'a pas fait, c'est ce qu'on ne pouvait faire avec le système de guerre qu'on suivait » [1].

Enfin, l'expérience comme la tactique des indigènes démontrent que, contre des postes aussi faibles et situés à des distances considérables de tout secours, les attaques ont grande chance de se renouveler chaque fois que la colonne aura le dos tourné.

M. de Caix ajoute encore : « Avec 350 hommes, nous ne ferions pas plus (que les 100 proposés pour repousser les attaques contre le fortin) et nous n'aurions cependant pas pourtant cette police qu'il serait d'ailleurs *insensé* de prétendre exercer sur tous les points à la fois et d'une manière permanente. »

.Mais non pas seulement le maréchal Bugeaud, dont personne ne contestera la haute compétence, mais toute l'histoire de la conquête démontre à chaque pas le contraire.

« En se mouvant avec des forces suffisantes, on commande sur un rayon de 25 à 30 lieues, tandis que le poste sédentaire ne commande qu'à 200 ou 300 mètres. Puis, les Arabes traduisent l'inaction par la timidité, car, avec eux, plus la force est agissante, plus le respect augmente » [1].

« Laissons ce funeste système (celui des grosses colonnes), écrit de son côté le général Philebert, et revenons au bon vieux temps où le commandant de Barral et le commandant Pein, de glorieuse mémoire, et autres, soumettaient le Sahara, le parcouraient loin de leur base d'opération et y faisaient la loi avec 250 à 300 baïonnettes ; s'ils l'ont fait, nous pouvons le faire, d'autant plus qu'ils n'avaient pas le chassepot qui multiplie notre force au moins par dix » [2].

Il nous serait facile de citer cinquante autres témoignages ou exemples.

Sans doute le premier officier venu n'est pas apte à exercer un commandement isolé de ce genre et ne saurait obtenir de

---

[1] Maréchal Bugeaud, *Organisation de l'Algérie.*

[2] Colonel Philebert, *Considérations sur l'occupation militaire de l'Algérie* (*Journal des Sciences militaires*, février 1874).

pareils résultats avec de si faibles effectifs, mais la race de ces chefs de partisans n'est heureusement pas encore éteinte en France. Il suffit d'avoir, à côté de qualités que nous avons énumérées ailleurs [1], de la confiance en soi, de la confiance en ses soldats, de la confiance dans la supériorité de notre armement, de la confiance en l'irrésistibilité de notre tactique, en face du désordre de populations encore primitives.

Ce serait donc se leurrer d'un vain espoir, sinon se ménager de graves mécomptes, que d'espérer pouvoir se borner à occuper le pays au moyen de postes fixes et de retirer, à bref délai et du jour au lendemain, les troupes régulières, pour leur substituer des contingents complètement indigènes irréguliers.

Au reste, ces contingents existent-ils déjà? L'expérience a démontré que nous trouverons, parmi les populations ksouriennes, pour assurer la tranquillité dans les oasis, d'importants éléments immédiatement utilisables dans l'infanterie; mais les maghzens, c'est-à-dire les groupes d'indigènes soldés et montés, soit à cheval, soit à méhari, pour agir à distance, font encore défaut.

Il faudrait des maghzens de deux sortes : à méhari, dans le Tidikelt, et à cheval plus au nord, le cheval seul étant pratique pour circuler dans les oasis. Ces maghzens seraient en nombre égal à celui des postes. Or, les oasis n'offrent pas les ressources nécessaires pour le recrutement de maghzens de réelle valeur; on sera donc obligé de s'adresser à des tribus nomades voisines, notamment aux Touareg, ou mieux encore, aux Chambaa, pour les méharistes, et aux Douï-Ménia et aux Oulad-Djérir pour les cavaliers. Il est probable qu'actuellement, bien peu de ces indigènes, sauf les Chambaa, accepteraient encore nos offres.

Ce ne sera qu'avec le temps, lorsqu'ils nous verront définitivement ancrés dans le pays et que nous leur aurons inspiré confiance, qu'ils entreront d'eux-mêmes en relations avec nous et finiront par offrir spontanément leurs services.

Les choses se sont passées ainsi pour Ghardaïa et El-Goléa, et il est probable que, dans un an ou deux, nous pourrons facilement recruter notre maghzen; mais il est non moins certain

---

[1] *Considérations sur la Défense de l'Algérie-Tunisie et l'Armée d'Afrique,* 1899, page 214.

que, jusque-là, il faudra maintenir une occupation militaire régulière.

L'arrangement qui a été conclu dans le courant de l'été dernier par notre Ministre des Affaires étrangères avec l'Ambassadeur extraordinaire du Sultan du Maroc et aux termes duquel les Douï-Ménia et les Oulad-Djérir auraient la faculté d'opter pour la puissance sous laquelle ils voudraient vivre, semble de nature à pouvoir hâter, dans une certaine mesure, le recrutement de maghzens à cheval; mais les soumissions auront-elles l'importance que leur prête en ce moment l'optimisme de la presse? L'avenir nous l'apprendra.

Quant aux Touareg-Ahggar, à qui nous avons en partie coupé les vivres, eux aussi auront à courber la tête pour obtenir le droit de venir sur nos marchés du Tidikelt, non plus en pillards, mais en simples acheteurs; le mouvement est, du reste, commencé, et, en pays musulman surtout, rien n'est plus contagieux que l'exemple.

Il est probable que la disparition de leurs moyens d'existence, c'est-à-dire le droit de « refara », qu'ils venaient prélever sur les oasis, les mettra à discrétion entre nos mains. Peut-être même, le jour n'est-il pas éloigné où une bonne partie des 30,000 Touareg qui, hier encore, battaient en maîtres tout le Sahara central, ne pourront plus subsister qu'en devenant notre maghzen.

Jusqu'à ce que toutes ces soumissions soient acquises et que nous soyons arrivés à former des maghzens solides, — et, pour cela, il faudra du temps et de l'habileté, — il importe de rester forts et d'avoir une organisation militaire sérieuse qui, seule, nous permettra de diriger les événements au lieu de les subir.

II

Organisation proposée.

———

Mais de ce que cette occupation doive être sérieuse, il ne s'ensuit pas qu'elle ne puisse pas être à la fois économique et rationnelle. Le mode qui semble répondre à toutes les conditions requises dérive des procédés employés par le maréchal Bugeaud et nos officiers d'Afrique les plus éminents. Il repose essentiellement sur la mobilité, la rapidité des mouvements et la vigueur d'exécution des opérations; il exige des troupes organisées et équipées d'une manière spéciale, celles-ci étant recrutées presque exclusivement sur les lieux mêmes et vivant sur le pays.

Le système consiste dans l'occupation des points stratégiques importants par des compagnies mixtes, dont nous avons préconisé ailleurs l'organisation [1], petites colonnes mobiles permanentes composées des trois armes, disséminées d'une manière rationnelle sur le territoire et possédant, en tout temps et en propre, des moyens de transport leur permettant de se mettre en route à tout moment et d'apparaître subitement au milieu des ksour ou des populations rebelles ou soupçonnées d'hostilité. Il s'agit, en d'autres termes, de ce que le maréchal Bugeaud a appelé des postes agissants.

Dans une région où une bonne partie de l'ennemi est composée d'hommes à pied, combattant seuls ou appuyant la cavalerie, l'infanterie doit constituer l'arme principale de ces unités.

La cavalerie leur est indispensable pour les éclairer dans les marches.

L'importance de l'artillerie dans les luttes contre les Arabes n'est plus à démontrer. Tant par son effet moral que par sa

———

[1] *Considérations sur la Défense de l'Algérie-Tunisie et l'Armée d'Afrique,* page 211 et suivantes.

puissance de destruction à longue distance, elle constitue un appoint de forces considérables pour toute troupe numériquement inférieure aux indigènes. Il serait donc logique de doter chaque compagnie d'une ou de deux pièces de montagne.

Les effectifs de chaque arme varieraient dans chaque compagnie suivant les besoins de leur secteur de défense, comme il sera indiqué plus loin.

La cavalerie de la compagnie du Tidikelt serait composée exclusivement de méharistes et d'un nombre plus élevé de sabres que dans les autres compagnies, en raison de la nécessité de surveiller le désert.

L'organisation de chaque compagnie serait donc telle qu'elle comprendrait tous les éléments tactiques lui permettant de mener à bien toute mission en rapport avec son effectif et la puissance de son armement. C'est le principe divisionnaire appliqué à une unité très petite, mais suffisante pour agir isolément dans cette guerre spéciale.

Le nombre des compagnies serait de cinq, dont deux pour la région de la Saoura, et trois pour les oasis sahariennes proprement dites, soit : une pour le Gourara, une pour le Touat et la dernière pour le Tidikelt.

Chaque compagnie serait commandée par un capitaine jeune, vigoureux, intelligent, connaissant bien les choses d'Afrique et ayant fait un stage dans le service des Affaires indigènes. Le commandement de chaque groupe serait exercé par l'officier supérieur du cercle correspondant.

Peu importe l'arme d'origine du capitaine commandant, l'essentiel est qu'il soit bien choisi. En effet, muni de pouvoirs suffisants pour agir, ne pouvant être tenu au bout d'un fil télégraphique, il peut être amené, dans ces postes éloignés, à prendre une décision prompte ; il importe donc qu'il en saisisse toute l'importance. Isolé, livré à lui-même, il lui faut nécessairement être au courant des affaires du pays, des mœurs, des coutumes et de la langue des indigènes ; il faut qu'il soit peu susceptible d'entraînement, car il sera appelé à faire œuvre politique autant que militaire. Expérience, sagesse, prudence, nabileté, alliées à une activité incessante, à une énergie et à une vigueur de tous les instants, tel est l'ensemble de qualités souvent fort rares que devraient posséder les officiers appelés à commander les compagnies mixtes.

Pour plusieurs raisons, les compagnies mixtes sahariennes devraient être toujours dehors, en mouvement, sauf pendant la saison des grandes chaleurs :

1° Le nombre des compagnies étant très restreint comparativement à la grande étendue de pays, il faut suppléer au nombre par le mouvement, pour assurer convenablement la police de ces régions et pour tenir libres en tout temps les communications entre les différents postes. Les hommes mèneraient ainsi une existence nomade et entretiendraient leurs qualités d'entraînement, de vigueur et d'endurance ;

2° Au point de vue politique, il est nécessaire que nous montrions, le plus souvent possible et en tous lieux, l'appareil de notre force ;

3° Seul le mouvement peut nous permettre de lutter à armes égales avec les Berabers, Touareg ou nomades arabes ;

4° Le principe de la mobilité des compagnies mixtes, si judicieux quand il s'applique aux opérations dans le Tell, devient une loi inéluctable lorsqu'il s'agit de parcourir des contrées désertiques telles que le Sahara, car alors la rapidité des mouvements est rigoureusement imposée par la nécessité de franchir de longues distances pour trouver les ressources indispensables.

A ce point de vue spécial, vouloir maintenir les troupes d'occupation dans les postes — et avec leur organisation actuelle on ne saurait faire autre chose — ce serait s'interdire l'exploitation des ressources de la région et ne subsister qu'avec des approvisionnements apportés à grands frais du Nord.

Le rôle des compagnies mixtes serait donc particulièrement actif. Pendant la majeure partie de l'année, et surtout pendant l'hiver, qui équivaut en Algérie au printemps d'Europe, chacune parcourrait dans tous les sens sa zone respective. Toutes profiteraient de ces pérégrinations pour réfectionner aux points importants les kasbas abandonnées ou construire de petits camps retranchés en terre, l'expérience ayant démontré que ces sortes d'ouvrages nous sont fort utiles pour nos opérations et ne nous imposent pas l'obligation de les occuper d'une manière permanente, puisque les Arabes, non seulement ne savent pas s'en servir, mais ne se donnent pas même la peine de les détruire. Aux grandes chaleurs seulement, chaque unité rentrerait dans son poste d'attache. Ce serait le meilleur moyen de donner aux populations indigènes une idée précise de la puissance de nos moyens de répression et de prévenir toute velléité d'agitation.

Pour garder les postes pendant l'absence des compagnies, des auxiliaires indigènes, pris sur place, viendraient renforcer la section des ouvriers d'art européens, dont il sera parlé, pour constituer la garnison de défense. Dans chacun des ksour d'attache, le nombre d'hommes nécessaires, valides et tout à fait sûrs, seraient pourvus d'un fusil modèle 74, approvisionné d'un certain nombre de cartouches. Ces armes ne seraient mises entre les mains des indigènes qu'en cas de danger ; en temps ordinaire, elles seraient déposées dans le fort. Ces groupes d'auxiliaires n'exigeraient qu'une organisation et qu'une instruction sommaires, et l'on trouverait sur place, parmi les ksouriens, plus d'indigènes de choix qu'il n'en faudrait pour ce service.

Chaque compagnie formerait ainsi un tout complet, solide dans ses kasbas et rayonnant par ses incessantes reconnaissances.

Elle devrait être en même temps un centre de police et avoir un service de renseignements qui ait des intelligences sur tous les points d'où des bandes peuvent partir et qui sache ce qui s'y passe.

Les postes d'attache seraient répartis de telle sorte qu'il puisse être possible aux deux compagnies voisines de prendre les rebelles entre deux feux, les exterminer ou les contraindre à la soumission. En présence de la force représentée par ces deux compagnies, non seulement une insurrection ne saurai se propager, mais elle serait sur le champ étouffée dans l'œuf.

En tenant ainsi les oasis, l'ordre cesserait d'être troublé dans le Sud oranais.

Pendant la première et la deuxième année, le quart environ de l'effectif de l'infanterie, y compris les ouvriers d'art, et de la cavalerie et tous les artilleurs devraient être pris parmi les hommes de l'armée d'Afrique, des corps français et des régiments étrangers, volontaires ayant accepté de vivre à la manière des indigènes avec les produits du pays.

Cette mesure est indispensable au moins jusqu'à ce que notre autorité soit bien établie, acceptée sans conteste dans le pays et que nous connaissions exactement la mentalité spéciale et le tempérament politique des ksouriens ; car il ne faut pas oublier que c'est grâce seulement aux soldats français présents dans les rangs des indigènes que l'officier a la notion exacte de l'état moral de sa troupe, et que ce n'est que par eux qu'il peut peser sur les premiers dans le sens qu'il juge nécessaire.

Chaque compagnie serait pourvue d'une section de vingt ouvriers d'art recrutés de la même manière et appelés à former le noyau de la garnison des forts pendant l'absence des compagnies.

Les indigènes seraient recrutés comme actuellement parmi les ksouriens.

Il est bien entendu que tous ces hommes, indistinctement, devraient être solides ; l'intérêt militaire et la question d'argent sont d'accord pour l'exiger.

Jusqu'à présent on a trop régularisé les Sahariens. Il faudrait à l'avenir éviter pareille erreur, car on a créé ainsi chez eux une foule de besoins en vêtements, chaussures, vivres, etc..., qu'ils ne connaissaient pas avant d'entrer à notre service et qu'il n'est pas toujours facile de satisfaire en campagne dans ces régions.

Ils devraient rester en quelque sorte des « irréguliers » dans toute la mesure possible, tout en étant soumis à une exacte discipline. Pas de « drill » allemand, de revue de linge et de chaussures, de marmite Vaillant, de soupe de l'ordinaire et autres choses encore. En route, remplacer pour tout le monde la ration de pain par une ration de farine ou, mieux, de blé ou d'orge. Chacun fera sa galette, et l'on ira fort loin avec ces soldats, que les ressources, encore faibles pendant les premières années, que l'on trouvera dans le pays, suffiront à nourrir.

L'expérience faite avec les tirailleurs de la mission Foureau-Lamy pénétrant jusqu'au Tchad, doit être pour nous un enseignement.

Les compagnies occupant les deux extrémités de notre marche saharienne devraient être pourvues chacune de 100 mulets de selle, à raison de 1 pour 2 hommes ; ces deux compagnies auraient ainsi une mobilité plus grande, mobilité exigée par les conditions spéciales où elles se trouvent : celle du Nord, forcée de se relier à notre premier poste du Sud oranais ; celle du Tidikelt, pouvant être amenée à agir contre les Touareg et ayant à se relier à El-Goléa. Ces deux compagnies devraient être toujours pourvues de deux pièces de 80 de montagne et non pas seulement d'une.

L'effectif des compagnies en infanterie, cavalerie, méharistes, artillerie, chevaux et animaux de transport devrait toujours être maintenu au grand complet.

Ces effectifs seraient pour les cinq compagnies, numérotées du Nord au Sud :

COMPAGNIES.	FANTASSINS.	CAVALIERS.	MÉHARISTES.	ARTILLEURS.	OUVRIERS D'ART, TAILLEURS, CORDONNIERS.	TOTAUX.
Groupe de la Saoura. { 1re	200	50	»	28	20	300
2e	180	30	»	14	20	250
Groupe des oasis sahariennes. { 3e	180	30	»	14	20	250
4e	180	25	5	14	20	250
5e	200	10	80	28	20	340

Soit : infanterie, 940 hommes ; cavalerie, 145 ; méharistes, 85 ; artilleurs, 98 ; ouvriers d'art, 100, ou, au total, 1390 hommes, pour garder une étendue de plus de 500 kilomètres.

Les compagnies seraient formées en deux groupes, commandé chacun par un officier supérieur des Affaires arabes, le premier, celui de la Saoura, comprenant les deux premières compagnies ; les trois autres constituant le groupe des oasis sahariennes proprement dites. Les deux groupes étant nettement séparés l'un de l'autre, comme le sont d'ailleurs les deux régions et les deux politiques à suivre, pourraient correspondre à deux cercles distincts relevant du général commandant le 19e corps et du gouverneur général de l'Algérie.

Ainsi organisées, nos forces permettraient de faire face à toutes les exigences, de former même de petites expéditions sans avoir à faire appel aux troupes du Nord et sans qu'il soit besoin de créer des convois.

La présence et la mobilité de ces compagnies en imposerait aux tribus du Nord qui chercheraient à faire défection; d'un autre côté, les nomades sahariens et marocains hésiteraient à franchir ce cordon militaire, dont l'action vigoureuse et immédiate permettrait toujours, au pis-aller, de rassembler des colonnes et même des convois pouvant être lancés ensuite dans des directions bien déterminées.

Enfin, la zone de protection formée par ces compagnies toujours en mouvement, permettrait de supprimer à leur profit nos garnisons des forts sahariens, passés en deuxième ligne, et de réduire à quelques méharistes celle d'El-Goléa.

Les postes d'attache des compagnies devraient, cela va de soi, être mis à l'abri de toutes surprises, c'est-à-dire fortifiés. Mais il ne s'agit pas d'élever des forts en granit, dont le budget aurait tout particulièrement à se ressentir. Il faut, au contraire, construire au moins de frais possible, et, pour cela, point ne serait besoin de la collaboration du génie, qui construit toujours très bien, même trop bien et surtout trop cher ; les officiers des compagnies mixtes y suffiraient avec un crédit très restreint.

Tous ceux qui, en Algérie ou en Tunisie, ont vu avec quelles infimes ressources financières les officiers des Affaires arabes et quelques officiers des corps de troupe disposant de la main-d'œuvre militaire ont fait certains travaux, partageront cet avis. Il faut simplifier par un bon sens réaliste une organisation hâtive et aussi confortable que possible.

Les kasbas de la région des oasis sahariennes ont toutes à peu près la même forme carrée, avec bastionnets aux angles. Les troupes sahariennes actuelles en ont déjà aménagé plusieurs pour leur défense ; mais il est nécessaire de pourvoir les forts d'attache des compagnies d'un cavalier, sur la plate-forme duquel deux pièces d'artillerie légères d'ancien modèle, même se chargeant par la bouche, seraient installées en permanence, pour pouvoir battre au besoin les accès du ksar et en imposer aux indigènes.

L'affaire de Timimounn et bien d'autres avant ont prouvé qu'un bordj, même construit en toubs (briques sèches), c'est-à-dire avec des matériaux rudimentaires, garni de défenseurs pourvus de munitions et confié à des cadres expérimentés, pouvait résister victorieusement aux attaques d'un millier d'indigènes même des plus braves.

Tous les postes devraient être reliés entre eux par le télégraphe. La distance entre les deux postes consécutifs les plus éloignés n'est pas supérieure à cent cinquante kilomètres. En installant un poste intermédiaire, les distances, malgré l'extrême sécheresse de l'air saharien, n'excéderaient pas la portée utile des ondes hertziennes et permettraient l'emploi du télégraphe sans fil.

Donc, en installant dans chaque poste d'attache de compagnie un mât et une antenne et en créant quatre postes intermédiaires, on pourrait recueillir et transmettre toutes les dépêches. On suppléerait ainsi pratiquement et très économiquement les lignes aériennes ordinaires, et les compagnies voisines pourraient se renseigner rapidement l'une l'autre et combiner leurs opérations à la commande de toute situation.

III

Exploitation des ressources locales.

Un principe devrait être dès l'abord nettement arrêté, c'est que les compagnies mixtes vivraient exclusivement sur le pays, leur alimentation étant trop difficile à assurer par l'arrière et revenant trop cher.

C'est une des raisons pour lesquelles les effectifs ne devraient être constitués qu'avec des indigènes du pays et, pendant la première période d'occupation seulement, avec, dans la proportion d'un quart environ, des volontaires français ou des régiments étrangers ayant accepté de vivre à la manière locale. De la sorte, on réduirait les ravitaillements à leur plus simple expression, c'est-à-dire à celui du sucre et café pour les Européens, de l'armement, des munitions, des effets et du matériel de santé.

L'expérience a démontré que dans le Sahara une petite troupe de l'effectif d'une compagnie mixte peut vivre à peu près partout. L'Oued-Saoura, aussi bien que le pied du plateau du Tadmaït, à l'Ouest et au Sud, sont jalonnés par de nombreuses oasis aux millions de palmiers.

Sans doute nous ne trouverons plus dans le Sahara, « territoire privilégié par la nature », la description qu'en a faite Hérodote, cinq siècles avant l'ère chrétienne, ni même la prospérité que signalait plus tard encore Ibn-Khaldoun ; mais il est un fait constant, c'est que les oasis sahariennes ont toujours été florissantes aux époques où elles subissaient une domination régulière assurant la sécurité.

Il s'ensuit que l'on peut, sans crainte d'exagération, prévoir que le rétablissement de l'ordre et de la paix fera renaître la prospérité, quasi-proverbiale dans le monde arabe, du Gourara, du Touat et du Tidikelt.

Il ne faut pas perdre de vue, en effet, que les populations de ces régions sont certainement les plus industrieuses de tout le nord de l'Afrique, parce que la vie ne s'y soutient qu'à force d'industrie.

Tout permet donc d'espérer que si les troupes d'occupation savent bien comprendre la situation et appliquer avec persévérance la vieille devise du maréchal Bugeaud « *ense et aratro* », devise qui a d'ailleurs toujours été celle de l'armée d'Afrique depuis le premier jour de la conquête, elles pourront, en un temps très court, développer le rendement économique du pays, et trouver, au meilleur compte possible, toutes les denrées et la viande nécessaires à leur alimentation. Les résultats à obtenir valent tous les efforts que nous pourrons faire.

Sans compter le produit des millions de dattiers que comportent les oasis, les ksouriens cultivent dans leurs jardins l'orge, le blé, le maïs, le millet, le sorgho et la plupart des légumes d'Europe. Il existe partout des gommiers, dont on s'occupe à peine. Le coton est cultivé au Touat, dans l'Aoulef et à In-Salah ; enfin les pâturages, rares, il est vrai, mais susceptibles d'être développés, nourrissent des moutons, des chèvres et des ânes.

Le moyen le plus efficace pour augmenter la prospérité agricole du pays et procurer aux troupes d'occupation toutes les ressources d'alimentation nécessaires, serait de lui donner l'humidité qui lui manque ; or, l'eau est partout à peu de profondeur, et la réparation des faggaguirs et le forage des puits pourrait se faire méthodiquement et presque sans frais.

En rendant à ces régions déshéritées le bien-être par l'extension ou l'augmentation des oasis, on couperait court à l'émigration ; on augmenterait la population du pays, le nombre des bras par conséquent, et l'on rendrait les esclaves inutiles.

Pour développer les cultures actuelles, revivifier les anciennes oasis abandonnées et en créer de nouvelles, il suffirait d'intéresser aux travaux les djemmas et même les particuliers, qui deviendraient ainsi, aux termes du Coran, propriétaires du sol revivifié.

Dès à présent, nous possédons dans les oasis tous les éléments de prospérité qu'on peut espérer trouver dans une région de ce genre : la terre, l'eau et les bras. On peut donc se mettre à l'œuvre avec confiance et avec la certitude d'en faire, en peu d'années, avec une administration bienveillante, active et éclairée, une région très prospère et capable de couvrir bientôt tous les frais d'occupation.

Dans cet ordre d'idées et non seulement pour donner aux populations locales un exemple pratique, mais encore pour trouver dès la première année, dès 1903, les ressources en céréales nécessaires à l'alimentation des troupes, il y aurait lieu d'entreprendre, dès la prochaine saison des pluies, c'est-à-dire dès le mois d'octobre, la culture en céréales, pour le compte des compagnies, de la plus grande surface possible des bours[1] susceptibles d'être irrigués à nouveau. Le métier de soldat laboureur n'a rien de choquant; il a été appliqué avec succès dans les smalas de spahis, dont les officiers avaient été intéressés au développement agricole et à l'application des meilleures méthodes de culture par l'attribution de terrains dont la récolte leur appartenait. Ni les terres abandonnées ni l'eau ne manquent pour une mise en exploitation immédiate ; il suffira de les chercher. Dans les oasis, le sol vaut tout autant, si ce n'est mieux, que dans l'Oued-R'ir, et chacun sait ce qu'on est arrivé à faire de cette dernière région.

Grâce à des réparations et à des aménagements hydrotechniques, les bours qui ne seraient pas mis en culture pourraient être facilement convertis en pâturages pour les animaux des compagnies.

Toujours en vertu de la loi musulmane, ces terres revivifiées appartiendraient aux compagnies. Si celles-ci, au lieu de toucher la ration d'Algérie amenée à grands frais du Nord et qui, à cause de son uniformité et des difficultés de conserver en bon état les denrées qui la composent constitue une mauvaise alimentation ; si les compagnies, au lieu de la ration, touchaient une indemnité représentative, nul doute qu'elles ne trouveraient rapidement les

---

[1] Terrains plantés de palmiers, dont l'arrosage n'est plus assuré et dont la culture est abandonnée. Il existe des bours auprès de toutes les grandes oasis.

moyens de produire elles-mêmes non seulement les céréales et les légumes qui leur seraient nécessaires, mais encore la viande, en procédant elles-mêmes à l'élevage du bétail.

Il ne saurait y avoir de doute qu'avec du travail, de l'intelligence et du savoir-faire, les compagnies trouveraient dès le printemps de 1903 les moyens de vivre sur le pays, en ne demandant presque plus rien au Nord.

IV

Commandement. — Politique.

L'œuvre de réorganisation de nos oasis de l'extrême Sud a de quoi tenter tout esprit actif et entreprenant; mais, pour réussir, elle doit être menée par des hommes assouplis à comprendre et à faire tourner au profit de l'influence française les circonstances locales.

Ces hommes devraient avoir toute la culture intellectuelle et la fertilité d'imagination nécessaires pour résoudre n'importe lequel des problèmes politique, militaire ou économique qui se présenteraient. Enfin, leurs préférences secrètes devraient aller aux moyens adroits, c'est-à-dire aux moyens par lesquels la valeur personnelle de l'exécutant se manifeste bien mieux que dans l'emploi des mesures brutales.

En résumé, il ne suffit pas d'avoir occupé, il faut conserver, il faut organiser, pour tirer le meilleur parti possible de la conquête et assurer aux régions nouvelles le développement économique qu'elles sont susceptibles de recevoir. Enfin, il faut propager notre influence, et pour cela il ne suffit pas de se contenter d'affirmer le pavillon, il faut savoir expliquer, justifier notre autorité.

Cette œuvre réclame l'emploi exclusif de ces « political officers » à la fois militaires, administrateurs et diplomates, dont les Anglais savent si bien tirer parti, c'est-à-dire des officiers ayant fait leur éducation spéciale dans le service des Affaires arabes.

Les commandants de cercle devraient jouir, sous la direction du gouverneur général, de la plus grande autonomie possible, au moins au début, en raison surtout de la difficulté où l'on se trouve de donner, à plus d'un millier de kilomètres de distance, une impulsion efficace à l'administration politique d'un pays avec lequel on n'est même pas encore relié par le télégraphe. Sans doute, il sera nécessaire de leur donner quelques directives pour la conduite générale à tenir, mais ils devront, la plupart du temps, engager leur propre responsabilité, sous peine de laisser passer l'occasion favorable d'agir ou de se laisser déborder par les événements.

Ce système n'est pas absolument conforme à nos habitudes ; mais puisque l'action du gouverneur sur le commandement local ne pourrait que très difficilement s'exercer d'une manière normale et salutaire, il faut accepter la situation avec ses exigences et rendre le représentant de l'autorité sur les lieux personnellement responsable, en lui laissant toute la part d'initiative et la liberté d'action correspondant à cette responsabilité.

Nous avons dès à présent une politique saharienne résolue à ouvrir, en attendant que des projets plus vastes, mais aussi plus vagues, prennent forme et nous conduisent à une politique transsaharienne.

Dans les oasis, l'antagonisme entre les deux soffs Ihamet et Soffian facilite notre politique. Du reste, dans l'intérieur même des ksour, il n'existe pas une cohésion suffisante pour que les faits et gestes de tel ou tel personnage puissent entraîner nécessairement ceux de la communauté entière.

Dans la région de la Saoura, notre action politique est plus délicate à exercer qu'au Touat, parce que là nous touchons au Maroc et à des régions où règne l'anarchie la plus complète ; à des régions dont les populations n'ont jamais obéi à aucune autorité et sur lesquelles l'arrangement franco-marocain nous a implicitement reconnu tout au moins un droit de contrôle.

La région de Beni-Abbès est d'ailleurs la clef de notre Sahara algérien ; c'est le couloir par lequel doivent passer obligatoirement les Marocains qui veulent se rendre au Touat. C'est par la Saoura seulement qu'on peut empêcher les incursions des Berabers dans les oasis. Les questions marocaines devront donc être particulièrement familières au commandant du Cercle de la Saoura. Sous l'influence du marabout de Khenadsa, de nombreux Douï-Ménia et Oulad-Djerir commencent à offrir leur soumission. Il nous faudra donc manœuvrer pour amener à nous ceux de ces nomades qui croiraient devoir rester en dissidence.

De plus, nous avons à surveiller les agissements des gens du Tafilalet, et surtout la Zaouïa de Gaouz, dans le M'dagha, la maison-mère de l'Ordre des Derkaoua.

Au Sud, il importe d'entrer le plus tôt possible en relations suivies avec les Touareg et autres tribus voisines, pour rendre un peu de vie aux transactions et se procurer la viande qu'on ne trouve pas encore en quantité suffisante sur place.

En outre, il faut régler notre politique de manière à les amener à nous fournir des maghzens. Ce résultat semble pouvoir être atteint d'autant plus facilement que depuis que nous les avons privés de leurs moyens irréguliers d'existence, ils sont pour ainsi dire à notre merci, parce que les Touareg-Adjer s'opposent à leur ravitaillement par Rhad et Ghadamès.

La nécessité où nous nous trouvons de recueillir tous les renseignements utiles en vue de la jonction future de l'Algérie au Soudan fait du Tidikelt la base de notre exploration du Sahara.

C'est de cette région que partiront toutes les reconnaissances, toutes les missions ; que seront donnés tous les coups de sonde dans le désert et vers le pays des Touareg.

Chez les Arabes, comme chez les Touareg, la direction politique et la direction religieuse sont inséparables, de telle sorte que l'action diplomatique est impuissante sans le concours des chefs religieux influents. Certains mokaddems du Sahara sont plus puissants que ne l'était le sultan du Maroc lui-même, l' « iman-el-moumenin », qui s'adressait à eux dans toutes les questions importantes et qui, en réalité, n'a jamais exercé d'autorité sur les populations de ces régions qu'en se servant de leur influence religieuse.

Il serait donc d'une diplomatie avisée de nous gagner les confréries musulmanes.

L'Ordre de Sidi-Ahmed-Tedjini, dont l'influence, quoique diminuée depuis 1897, est encore puissante, nous est favorable et pourra nous être d'un grand secours dans notre œuvre de pénétration ; il en est de même des Oulad-Sidi-Cheikh, encore que la rivalité qui existe entre les deux grandes fractions de cet ordre, les Cheraga et les Gharaba, oblige à un grand tact et à une grande souplesse.

Par contre, deux confréries nous sont franchement hostiles,

et d'autant plus à craindre qu'elles forment des sociétés secrètes :
ce sont celle des Mekalià et surtout celle des Snoussya. Cette dernière, la plus dangereuse pour nous, reçoit le mot d'ordre de
Constantinople. Elle est vivement combattue par les Tidjana ;
mais cela ne suffit pas, et nous n'aurons réellement les coudées
franches en Afrique que lorsque nous aurons pu amener à com-
position cette confrérie à l'esprit farouche et fanatique.

Ce résultat est difficile à atteindre ; mais il semble qu'on devrait y tendre par tous les moyens, en agissant directement
à Djerboub, ou même par une action diplomatique auprès de la
Sublime-Porte.

CONCLUSION

On peut être pour ou contre notre extension dans le Sud ;
mais, puisqu'on a admis l'occupation définitive des oasis, il
semble prudent d'écarter les dangers qui pourraient menacer nos
garnisons et remettre notre autorité en question ; de plus, notre
intérêt nous commande de tirer tout le parti possible du notre
domaine saharien.

La conquête des oasis nous a coûté énormément cher ; l'occupation peut être assurée à peu de frais.

Les dépenses qui résulteraient pendant la première année de
l'organisation préconisée dans ce travail, n'atteindraient pas
les 6 millions et demi qui sont inscrits au budget de 1902. Peu
à peu, elles iraient en diminuant jusqu'à devenir très faibles·et
à être enfin couvertes par les recettes mêmes que produiraient
les oasis.

Le principe sur lequel repose cette organisation n'est pas nouveau ; il a été de tous les temps et de tous les lieux ; mais on
l'ignorait ou l'on négligeait de l'appliquer, par manque de nerf.
Il est très simple et logique : ne pouvant pas entretenir de gros
effectifs et occuper tout le pays, suppléer à l'absence d'un nombre suffisant d'unités par le mouvement.

La force vive d'une troupe peut être représentée par la même
formule qu'en mécanique : MV^2. Les deux facteurs de cette
force sont la masse, c'est-à-dire l'effectif, et la vitesse, dont
l'importance est capitale. Bonaparte l'a prouvé dans la campagne de 1796 ; il est inutile de rappeler comment.

Le système des compagnies mixtes, organisées et commandées
comme il est proposé plus haut et toujours en mouvement, don-

nerait les meilleurs résultats. Il permettrait d'affirmer notre prise de possession, de ruiner les dernières espérances des mécontents et des nomades, et de ravitailler et de faire vivre exclusivement sur les oasis nos troupes d'occupation.

Notre politique générale et le Trésor y gagneraient.

PARIS. — IMPRIMERIE R. CHAPELOT ET Ce, RUE CHRISTINE, 2.

PARIS. — IMPRIMERIE R. CHAPELOT ET C°, 2, RUE CHRISTINE.